Alianza Cien

se propone acercar a todos
las mejores obras de la literatura
y el pensamiento universales
en condiciones óptimas de calidad y precio,
e incitar al lector
al conocimiento más completo de un autor,
invitándole a aprovechar
los escasos momentos
de ocio creados por las nuevas formas de vida.

Alianza Cien

es un reto y una ambiciosa iniciativa cultural.

MIGUEL DELIBES

La mortaja

Alianza Editorial

Diseño de cubierta: Ángel Uriarte

© Miguel Delibes
© Alianza Editorial, S. A. Madrid, 1993
Calle J. I. Luca de Tena, 15, 28027 Madrid; teléf. 741 66 00
ISBN: 84-206-4601-6
Depósito legal: M. 31.063-1993
Impreso en COBRHI, S.A.
Printed in Spain

El valle, en rigor, no era tal valle sino una polvorienta cuenca delimitada por unos tesos blancos e inhóspitos. El valle, en rigor, no daba sino dos estaciones: invierno y verano y ambas eran extremosas, agrias, casi despiadadas. Al finalizar mayo comenzaba a descender de los cerros de greda un calor denso y enervante, como una lenta invasión de lava, que en pocas semanas absorbía las últimas humedades del invierno. El lecho de la cuenca, entonces, empezaba a cuartearse por falta de agua y el río se encogía sobre sí mismo y su caudal pasaba en pocos días de una opacidad lora y espesa a una verdosidad de botella casi transparente. El trigo, fustigado por el sol, espigaba y maduraba apenas granado y a primeros de junio la cuenca únicamente conservaba dos notas verdes: la enmarañada fronda de las riberas del río y el emparrado que sombreaba la mayor de las tres edificaciones que se levantaban próximas a la corriente. El resto de la cuenca asumía una agónica amarillez de desierto. Era el calor y bajo él se hacía la siembra de los melonares, se segaba el trigo, y la codorniz, que había llegado con los últimos fríos de la Baja Extremadura, abandonaba los nidos y buscaba el frescor en las altas pajas de los ribazos. La cuenca parecía emanar un aliento fumoso, hecho de insignificantes partículas de greda y de polvillo de trigo. Y en invierno y verano, la casa grande, flanqueada por el emparrado, emitía un «bom-bom» acompasado, casi siniestro, que era como el latido de un enorme corazón.

El niño jugaba en el camino, junto a la casa blanca, bajo el sol, y sobre los trigales, a su derecha, el cernícalo aleteaba sin avanzar, como si flotase en el aire, cazando insectos. La tarde cubría la cuenca compasivamente y el hombre que venía de la falda de los cerros, con la vieja chaqueta desmayada sobre los hombros, pasó por su lado, sin mirarle, empujó con el pie la puerta de la casa y casi a ciegas se desnudó y se desplomó en el lecho sin abrirlo. Al momento, casi sin transición, empezó a roncar arrítmicamente.

El Senderines, el niño, le siguió con los ojos hasta perderle en el oscuro agujero de la puerta; al cabo reanudó sus juegos.

Hubo un tiempo en que al niño le descorazonaba que sus amigos dijeran de su padre que tenía nombre de mujer; le humillaba que dijeran eso de su padre, tan fornido y poderoso. Años antes, cuando sus relaciones no se habían enfriado del todo, el Senderines le preguntó si Trinidad era, en efecto, nombre de mujer. Su padre había respondido:

—Las cosas son según las tomes. Trinidad son tres dioses y no tres diosas, ¿comprendes? De todos modos mis amigos me llaman Trino para evitar confusiones.

El Senderines, el niño, se lo dijo así a Canor. Andaban entonces reparando la carretera y solían sentarse al caer la tarde sobre los bidones de alquitrán amontonados en las cunetas. Más tarde, Canor abandonó la Central y se marchó a vivir al pueblo a casa de unos parientes. Sólo venía por la Central durante las Navidades.

Canor, en aquella ocasión, se las mantuvo tiesas e insistió que Trinidad era nombre de mujer como todos los nombres que terminaban en «dad» y que no conocía un solo nombre que terminara en «dad» y fuera nombre de hombre. No transigió, sin embargo:

—Bueno —dijo, apurando sus razones—. No hay mujer que pese más de cien kilos, me parece a mí. Mi padre pesa más de cien kilos.

Todavía no se bañaban las tardes de verano en la gran balsa que formaba el río, junto a la Central, porque ni uno ni otro sabían sostenerse sobre el agua. Ni osaban pasar sobre el muro de cemento al otro lado del río porque una vez que el Senderines lo intentó sus pies resbalaron en el verdín y sufrió una descalabradura. Tampoco el río encerraba por aquel tiempo alevines de carpa ni lucios porque aún no los habían traído de Aranjuez. El río sólo daba por entonces barbos espinosos y alguna tenca, y Ovi, la mujer de Goyo, aseguraba que tenían un asqueroso gusto a cieno. A pesar de ello, Goyo dejaba pasar las horas sentado sobre la presa, con la caña muerta en los dedos, o buscando pacientemente ovas o gusanos para encarnar el anzuelo. Canor y el Senderines solían sentarse a su lado y le observaban en silencio. A veces el hilo se tensaba, la punta de la caña descendía hacia el río y entonces Goyo perdía el color e iniciaba una serie de movimientos precipitados y torpes. El barbo luchaba por su libertad pero Goyo tenía previstas alevosamente cada una de sus reacciones. Al fin, el pez terminaba por reposar su fatiga sobre el muro y Canor y el Senderines le hurgaban cruelmente en los ojos y la boca con unos juncos hasta que le veían morir.

Más tarde los prohombres de la reproducción piscícola, aportaron al río alevines de carpa y pequeños lucios. Llegaron tres camiones de Aranjuez cargados de perolas con la recría, y allí la arrojaron a la corriente para que se multiplicasen. Ahora Goyo decía que los lucios eran voraces como tiburones y que a una lavandera de su pueblo uno de ellos le arrancó un brazo hasta el codo de una sola dentellada. El Senderines le había oído contar varias veces la misma historia y mentalmente decidió no volver a bañarse sobre la quieta balsa de la represa. Mas una tarde pensó que los camiones de Aranjuez volcaron su carga sobre la parte baja de la represa y bañándose en la balsa no había por qué temer. Se lo dijo así a Goyo y Goyo abrió mucho los ojos y la boca, como los peces en la agonía, para explicarle que los lucios, durante la noche, daban brincos como títeres y podían salvar alturas de hasta más de siete metros. Dijo también que algunos de los lucios de Aranjuez estarían ya a más de veinte kilómetros río arriba porque eran peces muy viajeros. El Senderines pensó, entonces, que la situación era grave. Esa noche soñó que se despertaba y al asomarse a la ventana sobre el río, divisó un ejército de lucios que saltaban la presa contra corriente; sus cuerpos fosforescían con un lúgubre tono cárdeno, como de fuego fatuo, a la luz de la luna. Le dominó un oscuro temor. No le dijo nada a su padre, sin embargo. A Trinidad le irritaba que mostrase miedo hacia ninguna cosa.

Cuando muy chico solía decirle:

—No vayas a ser como tu madre que tenía miedo de los truenos y las abejas. Los hombres no sienten miedo de nada.

Su madre acababa de morir entonces. El Senderines tenía una idea confusa de este accidente. Mentalmente le relacionaba con el piar frenético de los gorriones nuevos y el zumbido incesante de los tábanos en la tarde. Aún recordaba que el doctor le había dicho:

—Tienes que comer, muchacho. A los niños flacos les ocurre lo que a tu madre.

El Senderines era flaco. Desde aquel día le poseyó la convicción de que estaba destinado a morir joven; le sucedería lo mismo que a su madre. En ocasiones, Trinidad le remangaba pacientemente las mangas de la

11

blusita y le tanteaba el brazo, por abajo y por arriba:

—¡Bah! ¡Bah! —decía, decepcionado.

Los bracitos del Senderines eran entecos y pálidos. Trino buscaba en ellos, en vano, el nacimiento de la fuerza. Desde entonces su padre empezó a despreciarle. Perdió por él la ardorosa debilidad de los primeros años. Regresaba de la Central malhumorado y apenas si le dirigía la palabra. Al comenzar el verano le dijo:

—¿Es que no piensas bañarte más en la balsa, tú?

El Senderines frunció el ceño; se azoró:

—Baja mucha porquería de la fábrica, padre —dijo.

Trino sonrió; antes que sonrisa era la suya una mueca displicente:

—Los lucios se comen a los niños crudos ¿no es eso?

El Senderines humilló los ojos. Cada vez que su padre se dirigía a él y le miraba de frente le agarraba la sensación de que estaba descubriendo hasta sus pensamientos más recónditos.

La C.E.S.A. montó una fábrica río arriba años atrás. El Senderines sólo había ido allá una vez, la última primavera, y cuando observó cómo la máquina aquélla trituraba entre sus feroces mandíbulas troncos de hasta un metro de diámetro con la misma facilidad que si fuesen barquillos, pensó en los lucios y empezó a temblar. Luego, la C.E.S.A. soltaba los residuos de su digestión en la corriente y se formaban en la superficie unos montoncitos de espuma blanquiazul semejantes a icebergs. A el Senderines no le repugnaban las espumas pero le recordaban la proximidad de los lucios y temía al río. Frecuentemente, el Senderines, atrapaba alguno de aquellos icebergs y hundía en ellos sus bracitos desnudos, desde la orilla. La espuma le producía cosquillas en las caras posteriores de los antebrazos y ello le hacía reír. La última Navidad, Canor y él orinaron sobre una de aquellas pellas y se deshizo como si fuese de nieve.

Pero su padre seguía conminándole con los ojos. A veces el Senderines pensaba que la mirada y la corpulencia de Dios serían semejantes a las de su padre.

—La balsa está muy sucia, padre —repitió sin la menor intención de persuadir a Trinidad, sino para que cesase de mirarle.

—Ya. Los lucios andan por debajo esperando atrapar la tierna piernecita de un niño. ¿A que es eso?

Ahora Trinidad acababa de llegar borracho como la mayor parte de los sábados y roncaba desnudo sobre las mantas. Hacía calor y las moscas se posaban sobre sus brazos, sobre su rostro, sobre su pecho reluciente de sudor, mas él no se inmutaba. En el camino, a pocos pasos de la casa, el Senderines manipulaba la arcilla e imprimía al barro las formas más diversas. Le atraía la plasticidad del barro. A el Senderines le atraía todo aquello cuya forma cambiase al menor accidente. La monotonía, la rigidez de las cosas le abrumaba. Le placían las nubes, la maleable ductilidad de la arcilla húmeda, los desperdicios blancos de la C.E.S.A., el trigo molido entre los dientes. Años atrás, llegaron los Reyes Magos desde el pueblo más próximo, montados en borricos, y le dejaron, por una vez, un juguete en la ventana. El Senderines lo destrozó en cuanto lo tuvo entre las manos; él hubiera deseado cambiarlo. Por eso le placía moldear el barro a su capricho, darle una forma e, inmediatamente, destruirla.

Cuando descubrió el yacimiento junto al chorro del abrevadero, Conrado regresaba al pueblo después de su servicio en la Central:

—A tu padre no va a gustarle ese juego, ¿verdad que no? —dijo.

—No lo sé —dijo el niño cándidamente.

—Los rapaces siempre andáis inventando diabluras. Cualquier cosa antes que cumplir vuestra obligación.

Y se fue, empujando la bicicleta del sillín, camino arriba. Nunca la montaba hasta llegar a la carretera. El Senderines no le hizo caso. Conrado alimentaba unas ideas demasiado estrechas sobre los deberes de cada uno. A su padre le daba de lado que él se distrajese de esta o de otra manera. A Trino lo único que le irritaba era que él fuese débil y que sintiese miedo de lo oscuro, de los lucios y de la Central. Pero el Senderines no podía remediarlo.

Cinco años antes su padre le llevó con él para que viera por dentro la fábrica de luz. Hasta entonces él no había reparado en la mágica transformación. Consideraba la Central, con su fachada ceñida por la vieja parra, como un elemento imprescindible de su vida. Tan sólo sabía de ella lo que Conrado le dijo en una ocasión:

—El agua entra por esta reja y dentro la hacemos luz; es muy sencillo,

Él pensaba que dentro existirían unas enormes tinas y que Conrado, Goyo y su padre apalearían el agua incansablemente hasta que de ella no quedase más que el brillo. Luego se dedicarían a llenar bombillas con aquel brillo para que, llegada la noche, los hombres tuvieran luz. Por entonces el «bom-bom» de la Central le fascinaba. Él creía que aquel fragor sostenido lo producía su padre y sus compañeros al romper el agua para extraerle sus cristalinos brillantes. Pero no era así. Ni su padre, ni Conrado, ni Goyo, amasaban nada dentro de la fábrica. En puridad, ni su padre, ni Goyo, ni Conrado «trabajaban» allí; se limitaban a observar unas agujas, a oprimir unos botones, a mover unas palancas. El «bom-bom» que acompañaba su vida no lo producía, pues, su padre al desentrañar el agua, ni al sacarla lustre; el agua entraba y luego salía tan sucia como entrara. Nadie la tocaba. En lugar de unas tinas rutilantes, el Senderines se encontró con unos torvos cilindros negros adornados de calaveras por todas partes y experimentó un imponente pavor y rompió a llorar. Posteriormente, Conrado le explicó que del agua sólo se aprovechaba la fuerza; que bastaba la fuerza del agua para fabricar la luz. El Senderines no lo comprendía; a él no le parecía que el agua tuviera ninguna fuerza. Si es caso aprovecharía la fuerza de los barbos y de las tencas y de las carpas, que eran los únicos que luchaban desesperadamente cuando Goyo pretendía atraparlos desde la presa. Más adelante, pensó que el negocio de su padre no era un mal negocio porque don

Rafael tenía que comprar el trigo para molerlo en su fábrica y el agua del río, en cambio, no costaba dinero. Más adelante aún, se enteró de que el negocio no era de su padre, sino que su padre se limitaba a aprovechar la fuerza del río, mientras el dueño del negocio se limitaba a aprovechar la fuerza de su padre. La organización del mundo se modificaba a los ojos de el Senderines; se le ofrecía como una confusa maraña.

A partir de su visita, el «bom-bom» de la Central cesó de agradarle. Durante la noche pensaba que eran las calaveras grabadas sobre los grandes cilindros negros, las que aullaban. Conrado le había dicho que los cilindros soltaban rayos como las nubes de verano y que las calaveras querían decir que quien tocase allí se moriría en un instante y su cuerpo se volvería negro como el carbón. A el Senderines, la vecindad de la Central comenzó a obsesionarle. Una tarde, el verano anterior, la fábrica se detuvo de pronto y entonces se dio cuenta el niño de que el silencio tenía voz, una voz opaca y misteriosa que no podía resistirla. Corrió junto a su padre y entonces advirtió que los hombres de la Central se habían habituado a hablar a gritos para entenderse; que Conrado, la Ovi, y su padre, y Goyo, voceaban ya aunque en torno se alzara el silencio y se sintiese incluso el murmullo del agua en los sauces de la ribera.

El sol rozó la línea del horizonte y el Senderines dejó el barro, se puso en pie, y se sacudió formalmente las posaderas. En la base del cerro que hendía al sol se alzaban las blancas casitas de los obreros de la C.E.S.A. y en torno a ellas se elevaba como una niebla de polvillo blanquecino. El niño contempló un instante el agua de la balsa, repentinamente oscurecida en contraste con los tesos de greda, aún deslumbrantes, en la ribera opuesta. Sobre la superficie del río flotaban los residuos de la fábrica como espumas de jabón, y los cínifes empezaban a desperezarse entre las frondas de la orilla. El Senderines permaneció unos segundos inmóvil al sentir el zumbido de uno de ellos junto a sí. De pronto se disparó una palmada en la mejilla y al notar bajo la mano el minúsculo accidente comprendió que había hecho blanco y sonrió. Con los dedos índice y pulgar recogió los restos del insecto y los examinó cumplidamente; no había picado aún; no tenía sangre. La cabecera de la cama del niño constituía un muestrario de minúsculas manchas rojas. Durante el verano su primera manifestación de vida, cada mañana, consistía en ejecutar a los mosquitos que le habían atacado durante el sueño. Los despachurraba uno a uno, de un seco palmetazo y luego se recreaba contemplando la forma y la extensión de la mancha en la pared y su imaginación recreaba figuras de animales. Jamás le traicionó su fantasía. Del palmetazo siempre salía algo y era aquélla para él la más fascinante colección. Las noches húmedas sufría un desencanto. Los mosquitos no abandonaban la fronda del río y en consecuencia, el niño, al despertar paseaba su redonda mirada ávida, inútilmente, por los cuatro lienzos de pared mal encalada.

Se limpió los dedos al pantalón y entró en la casa. Sin una causa aparente, experimentó, de súbito, la misma impresión que el día que los cilindros de la fábrica dejaron repentinamente de funcionar. Presintió que algo fallaba en la penumbra aunque, de momento no acertara a precisar qué. Hizo un esfuerzo para constatar que la Central seguía en marcha y acto seguido se preguntó qué echaba de menos dentro del habitual orden de su mundo. Trinidad dormía sobre el lecho y a la declinante luz del crepúsculo el niño descubrió, una a una, las cosas y las sombras que le eran familiares. Sin embargo, en la estancia aleteaba una fugitiva sombra nueva que el niño no acertaba a identificar. Le pareció que Trinidad estaba despierto, dada su inmovilidad excesiva, y pensó que aguardaba a reconvenirle por algo y el niño, agobiado por la tensión, decidió afrontar directamente su mirada:

—Buenas tardes, padre —dijo, aproximándose a la cabecera del lecho.

Permaneció clavado allí, inmóvil, esperando. Mas Trino no se enteró y el niño parpadeaba titubeante, poseído de una sumisa confusión. Apenas divisaba a su padre, de espaldas a la ventana; su rostro era un indescifrable juego de sombras. Precisaba, no obstante, su gran masa afirmando el peso sobre el jergón. Su desnudez no le turbaba. Trino le dijo dos veranos antes: «Todos los hombres somos iguales.» Y, por vez primera, se tumbó desnudo sobre el lecho y al Senderines no le deslumbró sino el oscuro misterio del vello. No dijo nada ni preguntó nada porque intuía que todo aquello, como la misma necesidad de trabajar, era una primaria cuestión de tiempo. Ahora esperaba, como entonces, y aun demoró unos instantes el dar la luz; y lo hizo cuando estuvo persuadido de que su padre no tenía nada que decirle. Pulsó el conmutador y al hacerse la claridad en la estancia bajó la noche a la ventana. Entonces se volvió y distinguió la mirada queda y mecánica del padre; sus ojos desorbitados y vidriosos. Estaba inmóvil como una fotografía. De la boca, crispada patéticamente, escurría un hilillo de baba, junto al que reposaban dos moscas. Otra inspeccionaba confiadamente los orificios de su nariz. El Senderines supo que su padre estaba muerto, porque no había estornudado. Torpe, mecánicamente fue reculando hasta sentir en el trasero el golpe de la puerta. Entonces volvió a la realidad. Permaneció inmóvil, indeciso, mirando sin pestañear el cadáver desnudo. A poco retornó lentamente sobre sus pasos, levantó la mano y espantó las moscas, poniendo cuidado en no tocar a su padre. Una de las moscas tornó sobre el cadáver y el niño la volvió a espantar. Percibía con agobiadora insistencia el latido de la Central y era como una paradoja aquel latido sobre un cuerpo muerto. Al Senderines le suponía un notable esfuerzo pensar; prácticamente se agotaba pensando en la perentoria necesidad de pensar. No quería sentir miedo, ni sorpresa. Permaneció unos minutos agarrado a los pies de hierro de la cama, escuchando su propia respiración. Trino siempre aborreció que él tuviese miedo y aun cuando en la vida jamás se esforzó el Senderines en complacerle, ahora lo deseaba porque era lo último que podía darle. Por primera vez en la vida, el niño se sentía ante una responsabilidad y se esforzaba en ver en aquellos ojos enloquecidos, en la boca pavorosamente inmóvil, los rasgos familiares. De súbito, entre las pajas del borde del camino empezó a cantar un grillo cebollero y el niño se sobresaltó, aunque el canto de los cebolleros de ordinario le agradaba. Descubrió al pie del lecho las ropas del padre y con la visión le asaltó el deseo apremiante de vestirle. Le avergonzaba que la gente del pueblo pudiera descubrirle así a la mañana siguiente. Se agachó junto a la ropa y su calor le estremeció. Los calcetines estaban húmedos y agujereados, conservaban aún la huella de un pie vivo, pero el niño se aproximó al cadáver, con los ojos levemente espantados, y desmanotadamente se los puso. Ahora sentía en el pecho los duros golpes del corazón, lo mismo que cuando tenía calentura. El Senderines evitaba pasar la mirada por el cuerpo desnudo. Acababa de descubrir que metiéndose de un golpe en el miedo, cerrando los ojos y apretando la boca, el miedo huía como un perro acobardado.

Vaciló entre ponerle o no los calzoncillos, cuya finalidad le parecía inútil, y al fin se decidió por prescindir de ellos porque nadie iba a advertirlo. Tomó los viejos y parcheados pantalones de dril e intentó levantar la pierna derecha de Trinidad, sin conseguirlo. Depositó, entonces, los pantalones al borde de la cama y tiró de la pierna muerta hacia arriba con las dos manos, mas cuando soltó una de ellas para aproximar aquéllos, el peso le venció y la pierna se desplomó sobre el lecho, pesadamente. A la puerta de la casa, dominando el sordo bramido de la Central, cantaba enojosamente el grillo. De los trigales llegaba amortiguado el golpeteo casi mecánico de una codorniz. Eran los ruidos de cada noche y el Senderines, a pesar de su circunstancia, no podía darles una interpretación distinta. El niño empezó a sudar. Había olvidado el significado de sus movimientos y sólo reparaba en la resistencia física que se oponía a su quehacer. Se volvió de espaldas al cadáver, con la pierna del padre prendida por el tobillo y de un solo esfuerzo con-

siguió montarla sobre su hombro derecho.
Entonces, cómodamente, introdujo el pie
por la pernera y repitió la operación con la
otra pierna. El Senderines sonreía ahora, a
pesar de que el sudor empapaba su blusa y
los rufos cabellos se le adherían obstinadamente a la frente. Ya no experimentaba temor alguno, si es caso el temor de tropezar
con un obstáculo irreductible. Recordó súbitamente, cómo, de muy niño, apremiaba
a su padre para que le explicase la razón de
llamarle Senderines. Trino aún no había
perdido su confianza en él. Le decía:

—Siempre vas buscando las veredas
como los conejos; eres lo mismo que un co-
nejo.

Ahora que el Senderines intuía su abandono lamentó no haberle preguntado cuando aún era tiempo su verdadero nombre.
Él no podría marchar por el mundo sin un
nombre cristiano, aunque en realidad igno-
rase qué clase de mundo se abría tras el teso
pelado que albergaba a los obreros de la
C.E.S.A. La carretera se perdía allí y él había oído decir que la carretera conducía a la

ciudad. Una vez le preguntó a Conrado qué había detrás del teso y Conrado dijo:

—Mejor es que no lo sepas nunca. Detrás está el pecado.

El Senderines acudió a Canor durante las Navidades. Canor le dijo abriendo desmesuradamente los ojos:

—Están las luces y los automóviles y más hombres que cañas en ese rastrojo.

Senderines no se dio por satisfecho:

—¿Y qué es el pecado? —demandó con impaciencia.

Canor se santiguó. Agregó confidencialmente:

—El maestro dice que el pecado son las mujeres.

El Senderines se imaginó a las mujeres de la ciudad vestidas de luto y con una calavera amarilla prendida sobre cada pecho. A partir de entonces, la proximidad de la Ovi, con sus brazos deformes y sus párpados rojos, le sobrecogía.

Había conseguido levantar los pantalones hasta los muslos velludos de Trino y ahí se detuvo. Jadeaba. Tenía los deditos horizontalmente cruzados de líneas rojas, como los muslos cuando se sentaba demasiado tiempo sobre las costuras del pantalón. Su padre le parecía de pronto un extraño. Su padre se murió el día que le mostró la fábrica y él rompió a llorar al ver las turbinas negras y las calaveras. Pero esto era lo que quedaba de él y había que cubrirlo. Él debía a su padre la libertad, ya que todos los padres que él conocía habían truncado la libertad de sus hijos enviándolos al taller o a la escuela. El suyo no le privó de su libertad y el Senderines no indagaba los motivos; agradecía a su padre el hecho en sí.

Intentó levantar el cadáver por la cintura, en vano. La codorniz cantaba ahora más cerca. El Senderines se limpió el sudor de la frente con la bocamanga. Hizo otro intento. «Cagüen» —murmuró—. De súbito se sentía impotente; presentía que había alcanzado el tope de sus posibilidades. Jamás lograría colocar los pantalones en su sitio. Instintivamente posó la mirada en el rostro del padre y vio en sus ojos todo el espanto de la muerte. El niño, por primera vez en la noche, experimentó unos atropellados deseos de llorar. «Algo le hace daño en alguna parte», pensó. Pero no lloró por no aumentar su daño, aunque le empujaba a hacerlo la conciencia de que no podía aliviarlo. Levantó la cabeza y volvió los ojos atemorizados por la pieza. El Senderines reparó en la noche y en su soledad. Del cauce ascendía el rumor fragoroso de la Central acentuando el silencio y el niño se sintió desconcertado. Instintivamente se separó unos metros de la cama; durante largo rato permaneció en pie, impasible, con los escuálidos bracitos desmayados a lo largo del cuerpo. Necesitaba una voz y sin pensarlo más se acercó a la radio y la conectó. Cuando nació en la estancia y se fue agrandando una voz nasal ininteligible, el Senderines clavó sus ojos en los del muerto y todo su cuerpecillo se tensó. Apagó el receptor porque se le hacía que era su padre quien hablaba de esa extraña manera. Intuyó que iba a gritar y paso a paso fue reculando sin cesar de observar el cadáver.

Cuando notó en la espalda el contacto de la puerta suspiró y sin volverse buscó a tientas el pomo y abrió aquélla de par en par.

Salió corriendo a la noche. El cebollero dejó de cantar al sentir sus pisadas en el sendero. Del río ascendía una brisa tibia que enfriaba sus ropas húmedas. Al alcanzar el almorrón el niño se detuvo. Del otro lado del campo de trigo veía brillar la luz de la casa de Goyo. Respiró profundamente. Él le ayudaría y jamás descubriría a nadie que vio desnudo el cuerpo de Trino. El grillo reanudó tímidamente el cri-cri a sus espaldas. Según caminaba, el Senderines descubrió una lucecita entre los yerbajos de la vereda. Se detuvo, se arrodilló en el suelo y apartó las pajas. «Oh, una luciérnaga» —se dijo, con una alegría desproporcionada. La tomó delicadamente entre sus dedos y con la otra mano extrajo trabajosamente del bolsillo del pantalón una cajita de betún con la cubierta horadada. Levantó la cubierta con cuidado y la encerró allí. En la linde del trigal tropezó con un montón de piedras. Algunas, las más blancas, casi fosforescían en las tinieblas. Tomó dos y las hizo chocar con fuerza. Las chispas se desprendían con un gozoso y efímero resplandor. La llamada insolente de la codorniz, a sus pies, le sobresaltó. El Senderines continuó durante un rato frotando las piedras hasta que le dolieron los brazos de hacerlo; sólo entonces se llegó a la casa de Goyo y llamó con el pie.

La Ovi se sorprendió de verle.

—¿Qué pintas tú aquí a estas horas? —dijo—. Me has asustado.

El Senderines, en el umbral, con una piedra en cada mano, no sabía qué responder. Vio desplazarse a Goyo al fondo de la habitación, desenmarañando un sedal:

—¿Ocurre algo? —voceó desde dentro.

A el Senderines le volvió inmediatamente la lucidez. Dijo:

—¿Es que vas a pescar lucios mañana?

—Bueno —gruñó Goyo aproximándose—. No te habrá mandado tu padre a estas horas a preguntar si voy a pescar mañana o no, ¿verdad?

A el Senderines se le quebró la sonrisa en los labios. Denegó con la cabeza, obstinadamente. Balbució al fin:

—Mi padre ha muerto.

La Ovi, que sujetaba la puerta, se llevó ambas manos a los labios:

—¡Ave María! ¿Qué dices? —dijo. Había palidecido.

Dijo Goyo:

—Anda, pasa y no digas disparates. ¿Qué esperas ahí a la puerta con una piedra en cada mano? ¿Dónde llevas esas piedras? ¿Estás tonto?

El Senderines se volvió y arrojó los guijarros a lo oscuro, hacia la linde del trigal, donde la codorniz cantaba. Luego franqueó la puerta y contó lo que había pasado. Goyo estalló; hablaba a voces con su mujer, con la misma tranquilidad que si el Senderines no existiese:

—Ha reventado, eso. ¿Para qué crees que tenemos la cabeza sobre los hombros? Bueno, pues a Trino le sobraba. Esta tarde disputó con Baudilio sobre quién de los dos comía más. Pagó Baudilio, claro. Y ¿sabes qué se comió el Trino? Dos docenas de huevos para empezar; luego se zampó un cochinillo y hasta royó los huesos y todo. Yo le decía: «Para ya.» Y ¿sabes qué me contestó? Me dice: «Tú a esconder, marrano.» Se había metido ya dos litros de vino y no sabía lo que se hacía. Y es lo que yo me digo, si no saben beber es mejor que no lo hagan. Le está bien empleado ¡eso es todo lo que se me ocurre!

Goyo tenía los ojos enloquecidos, y según hablaba, su voz adquiría unos trémolos extraños. Era distinto a cuando pescaba. En todo caso tenía cara de pez. De repente se volvió al niño, le tomó de la mano y tiró de él brutalmente hacia dentro de la casa. Luego empujó la puerta de un puntapié. Voceó, como si el Senderines fuera culpable de algo:

—Luego me ha dado dos guantadas ¿sabes? Y eso no se lo perdono yo ni a mi padre, que gloria haya. Si no sabe beber que no beba. Al fin y al cabo yo no quería jugar y él me obligó a hacerlo. Y si le había ganado la apuesta a Baudilio, otras veces tendremos que perder, digo yo. La vida es así. Unas veces se gana y otras se pierde. Pero él, no. Y va y me dice: «¿Tienes triunfo?» Y yo le digo que sí, porque era cierto y el Baudilio terció entonces que la lengua en el culo y que para eso estaban las señas. Pero yo dije que sí y él echó una brisca y Baudilio sacudió el rey pero yo no tenía para matar al rey aunque tenía triunfo y ellos se llevaron la baza.

Goyo jadeaba. El sudor le escurría por la piel lo mismo que cuando luchaba con los barbos desde la presa. Le exaltaba una irritación creciente a causa de la conciencia de que Trino estaba muerto y no podía oírle. Por eso voceaba a el Senderines en la confianza de que algo le llegara al otro y el Senderines le miraba atónito, enervado por una dolorosa confusión. La Ovi permanecía muda, con las chatas manos levemente crispadas sobre el respaldo de una silla. Goyo vociferó:

—Bueno, pues Trino, sin venir a cuento, se levanta y me planta dos guantadas. Así, sin más; va y me dice: «Toma y toma, por tu triunfo.» Pero yo sí tenía triunfo, lo juro por mi madre, aunque no pudiera montar al rey, y se lo enseñé a Baudilio y se puso a reír a lo bobo y yo le dije a Trino que era un mermado y él se puso a vocear que me iba a pisar los hígados. Y yo me digo que un hombre como él no tiene derecho a golpear a nadie que no pese cien kilos, porque es lo mismo que si pegase a una mujer. Pero estaba cargado y quería seguir golpeándome y entonces yo me despaché a mi gusto y me juré por éstas que no volvería a mirarle a la cara así se muriera. ¿Comprendes ahora?

Goyo montó los pulgares en cruz y se los mostró insistentemente a el Senderines, pero el Senderines no le comprendía.

—Lo he jurado por éstas —agregó— y yo no puedo ir contigo ahora; ¿sabes? Me he jurado no dar un paso por él y esto es sagrado, ¿comprendes? Todo ha sido tal y como te lo digo.

Hubo un silencio. Al cabo, añadió Goyo, variando de tono:

—Quédate con nosotros hasta que le den

tierra mañana. Duerme aquí; por la mañana bajas al pueblo y avisas al cura.

El Senderines denegó con la cabeza:

—Hay que vestirle —dijo—. Está desnudo sobre la cama.

La Ovi volvió a llevarse las manos a la boca:

—¡Ave María! —dijo.

Goyo reflexionaba. Dijo al fin, volviendo a poner en aspa los pulgares:

—¡Tienes que comprenderme! He jurado por éstas no volver a mirarle a la cara y no dar un paso por él. Yo le estimaba, pero él me dio esta tarde dos guantadas sin motivo y ello no se lo perdono yo ni a mi padre. Ya está dicho.

Le volvió la espalda al niño y se dirigió al fondo de la habitación. El Senderines vaciló un momento: «Bueno», dijo. La Ovi salió detrás de él a lo oscuro. De pronto, el Senderines sentía frío. Había pasado mucho calor tratando de vestir a Trino y, sin embargo, ahora, le castañeteaban los dientes. La Ovi le agarró por un brazo; hablaba nerviosamente:

—Escucha, hijo. Yo no quería dejarte solo esta noche, pero me asustan los muertos. Ésta es la pura verdad. Me dan miedo las manos, los pies de los muertos. Yo no sirvo para eso.

Miraba a un lado y a otro empavorecida. Agregó:

—Cuando lo de mi madre tampoco estuve y ya ves, era mi madre y era en mí una obligación. Luego me alegré porque mi cuñada me dijo que al vestirla después de muerta todavía se quejaba. ¡Ya ves tú! ¿Tú crees, hijo, que es posible que se queje un muerto? Con mi tía también salieron luego con que si la gata estuvo hablando sola tendida a los pies de la difunta. Cuando hay muertos en las casas suceden cosas muy raras y a mí me da miedo y sólo pienso en que llegue la hora del entierro para descansar.

El resplandor de las estrellas caía sobre su rostro espantado y también ella parecía una difunta. El niño no respondió. Del ribazo llegó el golpeteo de la codorniz dominando el sordo estruendo de la Central.

—¿Qué es eso? —dijo la mujer, electrizada.

—Una codorniz —respondió el niño.

—¿Hace así todas las noches?

—Sí.

—¿Estás seguro?

Ella contemplaba sobrecogida el leve oleaje del trigal.

—Sí.

Sacudió la cabeza:

—¡Ave María! Parece como si cantara aquí mismo; debajo de mi saya.

Y quiso reír, pero su garganta emitió un ronquido inarticulado. Luego se marchó.

El Senderines pensó en Conrado porque se le hacía cada vez más arduo regresar solo al lado de Trino. Vagamente temía que se quejase si él volvía a manipular con sus piernas o que el sarnoso gato de la Central, que miraba talmente como una persona, se hubiera acostado a los pies de la cama y estuviese hablando. Conrado trató de tranquilizarle. Le dijo:

Que los muertos, a veces, conservan aire en el cuerpo y al doblarles por la cintura

38

chillan porque el aire se escapa por arriba o por abajo, pero que, bien mirado, no pueden hacer daño.

Que los gatos en determinadas ocasiones parece ciertamente que en lugar de «miau» dicen «mío», pero te vas a ver y no han dicho más que «miau» y eso sin intención.

Que la noticia le había dejado como sin sangre, ésta es la verdad, pero que estaba amarrado al servicio como un perro, puesto que de todo lo que ocurriese en su ausencia era él el único responsable.

Que volviera junto a su padre, se acostara y esperase allí, ya que a las seis de la mañana terminaba su turno y entonces, claro, iría a casa de Trino y le ayudaría.

Cuando el niño se vio de nuevo solo junto a la balsa se arrodilló en la orilla y sumergió sus bracitos desnudos en la corriente. Los residuos de la C.E.S.A. resaltaban en la oscuridad y el Senderines arrancó un junco y trató de atraer el más próximo. No lo consiguió y, entonces, arrojó el junco lejos y se sentó en el suelo contrariado. A su derecha, la reja de la Central absorbía ávidamente el agua, formando unos tumultuosos remolinos. El resto del río era una superficie bruñida, inmóvil, que reflejaba los agujeritos luminosos de las estrellas. Los chopos de las márgenes volcaban una sombra tenue y fantasmal sobre las aguas quietas. El cebollero y la codorniz apenas se oían ahora, eclipsadas sus voces por las gárgaras estruendosas de la Central. El Senderines pensó con pavor en los lucios y, luego, en la necesidad de vestir a su padre, pero los amigos de su padre o habían dejado de serlo, o estaban afanados, o sentían miedo de los muertos. El rostro del niño se iluminó de pronto, extrajo la cajita de betún del bolsillo y la entreabrió. El gusano brillaba con un frío resplandor verdiamarillo que reverberaba en la cubierta plateada. El niño arrancó unas briznas de hierba y las metió en la caja. «Este bicho tiene que comer —pensó—, si no se morirá también.» Luego tomó una pajita y la aproximó a la luz; la retiró inmediatamente y observó el extremo y no estaba chamuscado y él imaginó que aún era pronto y volvió a incrustarla en la blanda fosforescencia del animal. El gusano se retorcía impotente en su prisión. Súbitamente, el Senderines se incorporó y, a pasos rápidos, se encaminó a la casa. Sin mirar al lecho con el muerto, se deslizó hasta la mesilla de noche y una vez allí colocó la luciérnaga sobre el leve montoncito de yerbas, apagó la luz y se dirigió a la puerta para estudiar el efecto. La puntita del gusano rutilaba en las tinieblas y el niño entreabrió los labios en una semisonrisa. Se sentía más conforme. Luego pensó que debería cazar tres luciérnagas más para disponer una en cada esquina de la cama y se complació previendo el conjunto.

De pronto, oyó cantar abajo, en el río, y olvidó sus proyectos. No tenía noticias de que el Pernales hubiera llegado. El Pernales bajaba cada verano a la Cascajera a fabricar piedras para los trillos. No tenía otros útiles que un martillo rudimentario y un pulso matemático para golpear los guijarros del río. A su golpe éstos se abrían como rajas de sandía y los bordes de los fragmentos eran agudos como hojas de afeitar. Canor y él, antaño, gustaban de verle afanar, sin precipitaciones, con la colilla apagada fija en el labio inferior, el parcheado sombrero sobre los ojos, canturreando perezosamente. Las tórtolas cruzaban de vez en cuando sobre el río como ráfagas; y los peces se arrimaban hasta el borde del agua sin recelos porque sabían que el Pernales era inofensivo.

Durante el invierno, el Pernales desaparecía. Al concluir la recolección, cualquier mañana, el Pernales ascendía del cauce con un hatillo en la mano y se marchaba carretera adelante, hacia los tesos, canturreando. Una vez, Conrado dijo que le había visto vendiendo confituras en la ciudad, a la puerta de un cine. Pero Baudilio, el capataz de la C.E.S.A., afirmaba que el Pernales pasaba los meses fríos mendigando de puerta en puerta. No faltaba quien decía que el Pernales invernaba en el África como las golondrinas. Lo cierto es que al anunciarse el verano llegaba puntualmente a la Cascajera y reanudaba el oficio interrumpido ocho meses antes.

El Senderines escuchaba cantar desafinadamente más abajo de la presa, junto al puente; la voz del Pernales ahuyentaba las sombras y los temores y hacía solubles todos los problemas. Cerró la puerta y tomó la vereda del río. Al doblar el recodo divisó la hoguera bajo el puente y al hombre inclinándose sobre el fuego sin cesar de cantar. Ya más próximo distinguió sus facciones rojizas, su barba de ocho días, su desastrada y elemental indumentaria. Sobre el pilar del puente, un cartelón de brea decía: «Se benden pernales para trillos.»

El hombre volvió la cara al sentir los pasos del niño:

—Hola —dijo—, entra y siéntate. ¡Vaya como has crecido! Ya eres casi un hombre. ¿Quieres un trago?

El niño denegó con la cabeza.

El Pernales empujó el sombrero hacia la nuca y se rascó prolongadamente:

—¿Quieres cantar conmigo? —preguntó—. Yo no canto bien, pero cuando me da la agonía dentro del pecho, me pongo a cantar y sale.

—No —dijo el niño.

—¿Qué quieres entonces? Tu padre el año pasado no necesitaba piedras. ¿Es que del año pasado a éste se ha hecho tu padre un rico terrateniente? Ji, ji, ji.

El niño adoptó una actitud de gravedad.

—Mi padre ha muerto —dijo y permaneció a la expectativa.

El hombre no dijo nada; se quedó unos segundos perplejo, como hipnotizado por el fuego. El niño agregó:

—Está desnudo y hay que vestirle antes de dar aviso.

—¡Ahí va! —dijo, entonces, el hombre y volvió a rascarse obstinadamente la cabeza. Le miraba ahora el niño de refilón. Súbitamente dejó de rascarse y añadió:

—La vida es eso. Unos viven para enterrar a los otros que se mueren. Lo malo será para el que muera el último.

Los brincos de las llamas alteraban a intervalos la expresión de su rostro. El Pernales se agachó para arrimar al fuego una brazada de pinocha. De reojo observaba al niño. Dijo:

—El Pernales es un pobre diablo, ya lo sabemos todos. Pero eso no quita para que a cada paso la gente venga aquí y me diga: «Pernales, por favor, échame una mano», como si Pernales no tuviera más que hacer que echarle una mano al vecino. El negocio del Pernales no le importa a nadie; al Pernales, en cambio tienen que importarle los negocios de los demás. Así es la vida.

Sobre el fuego humeaba un puchero y junto al pilar del puente se amontonaban las esquirlas blancas, afiladas como cuchillos. A la derecha, había media docena de latas abolladas y una botella. El Senderines observaba todo esto sin demasiada atención y cuando vio al Pernales empinar el codo intuyó que las cosas terminarían por arreglarse:

—¿Vendrás? —preguntó el niño, al cabo de una pausa, con la voz quebrada.

El Pernales se frotó una mano con la otra en lo alto de las llamas. Sus ojillos se avivaron:

—¿Qué piensas hacer con la ropa de tu padre? —preguntó como sin interés—.

Eso ya no ha de servirle. La ropa les queda a los muertos demasiado holgada; no sé lo que pasa, pero siempre sucede así.

Dijo el Senderines:

—Te daré el traje nuevo de mi padre si me ayudas.

—Bueno, yo no dije tal —agregó el hombre—. De todas formas si yo abandono mi negocio para ayudarte, justo es que me guardes una atención, hijo. ¿Y los zapatos? ¿Has pensado que los zapatos de tu padre no te sirven a ti ni para sombrero?

—Sí —dijo el niño—. Te los daré también.

Experimentaba, por primera vez, el raro placer de disponer de un resorte para mover a los hombres. El Pernales podía hablar durante mucho tiempo sin que la colilla se desprendiera de sus labios.

—Está bien —dijo. Tomó la botella y la introdujo en el abombado bolsillo de su chaqueta. Luego apagó el fuego con el pie:

—Andando —agregó.

Al llegar al sendero, el viejo se volvió al niño:

—Si invitaras a la boda de tu padre no estarías solo —dijo—. Nunca comí yo tanto chocolate como en la boda de mi madre. Había allí más de cuatro docenas de invitados. Bueno, pues, luego se murió ella y allí nadie me conocía. ¿Sabes por qué, hijo? Pues porque no había chocolate.

El niño daba dos pasos por cada zancada del hombre, que andaba bamboleándose como un veterano contramaestre. Carraspeó, hizo como si masticase algo y por último escupió con fuerza. Seguidamente preguntó:

—¿Sabes escupir por el colmillo, hijo?

—No —dijo el niño.

—Has de aprenderlo. Un hombre que sabe escupir por el colmillo ya puede caminar solo por la vida.

El Pernales sonreía siempre. El niño le miraba atónito; se sentía fascinado por los huecos de la boca del otro.

—¿Cómo se escupe por el colmillo? —preguntó, interesado. Comprendía que ahora que estaba solo en el mundo le convenía aprender la técnica del dominio y la sugestión.

El hombre se agachó y abrió la boca y el niño metió la nariz por ella, pero no veía nada y olía mal. El Pernales se irguió:

—Está oscuro aquí, en casa te lo diré.

Mas en la casa dominaba la muda presencia de Trino, inmóvil, sobre la cama. Sus miembros se iban aplomando y su rostro, en tan breve tiempo, había adquirido una tonalidad cérea. El Pernales, al cruzar ante él, se descubrió e hizo un borroso ademán, como si se santiguara.

—¡Ahí va! —dijo—. No parece él; está como más flaco.

Al niño, su padre muerto le parecía un gigante. El Pernales divisó la mancha que había junto al embozo.

—Ha reventado ¿eh?

Dijo el Senderines:

—Decía el doctor que sólo se mueren los flacos.

—¡Vaya! —respondió el hombre—. ¿Eso dijo el doctor?

—Sí —prosiguió el niño.

—Mira —agregó el Pernales—. Los hombres se mueren por no comer o por comer demasiado.

Intentó colocar los pantalones en la cintura del muerto sin conseguirlo. De repente reparó en el montoncito de yerbas con la luciérnaga:

—¿Quién colocó esta porquería ahí? —dijo.

—¡No lo toques!

—¿Fuiste tú?

—Sí.

—¿Y qué pinta eso aquí?

—¡Nada; no lo toques!

El hombre sonrió.

—¡Echa una mano! —dijo—. Tu padre pesa como un camión.

Concentró toda su fuerza en los brazos y por un instante levantó el cuerpo, pero el niño no acertó a coordinar sus movimientos con los del hombre:

—Si estás pensando en tus juegos no adelantaremos nada —gruñó—. Cuando yo levante, echa la ropa hacia arriba, si no no acabaremos nunca.

De pronto el Pernales reparó en el despertador en la repisa y se fue a él derechamente.

—¡Dios! —exclamó—. ¡Ya lo creo que es bonito el despertador! ¿Sabes, hijo, que yo siempre quise tener un despertador igualito a éste?

Le puso a sonar y su sonrisa desdentada se distendía conforme el timbre elevaba su estridencia. Se rascó la cabeza.

—Me gusta —dijo—. Me gusta por vivir.

El niño se impacientaba. La desnudez del cuerpo de Trinidad, su palidez de cera, le provocaban el vómito. Dijo:

—Te daré también el despertador si me ayudas a vestirle.

—No se trata de eso ahora, hijo —se apresuró el Pernales—. Claro que yo no voy a quitarte la voluntad si tienes el capricho de obsequiarme, pero yo no te he pedido nada, porque el Pernales si mueve una mano no extiende la otra para que le recompensen. Cuando el interés mueve a los hombres, el mundo marcha mal; es cosa sabida.

Sus ojillos despedían unas chispitas socarronas. Cantó la codorniz en el trigo y el Pernales se aquietó. Al concluir el ruido y reanudarse el monótono rumor de la Central, guiñó un ojo.

—Éste va a ser un buen año de codornices —dijo—. ¿Sentiste con qué impaciencia llama la tía?

El niño asintió sin palabras y volvió los ojos al cadáver de su padre. Pero el Pernales no se dio por aludido.

—¿Dónde está el traje y los zapatos que me vas a regalar? —preguntó—. El Senderines le llevó al armario.

—Mira —dijo.

El hombre palpaba la superficie de la tela con sensual delectación.

—¡Vaya, si es un terno de una vez! —dijo—. Listado y color chocolate como a mí me gustan. Con él puesto no me va a conocer ni mi madre.

Sonreía. Agregó:

—La Paula, allá arriba, se va a quedar de una pieza cuando me vea. Es estirada como una marquesa, hijo. Yo la digo:

«Paula, muchacha, ¿dónde te pondremos que no te cague la mosca?» Y ella se enfada. Ji, ji, ji.

El Pernales se descalzó la vieja sandalia e introdujo su pie descalzo en uno de los zapatos.

—Me bailan, hijo. Tú puedes comprobarlo. —Sus facciones, bajo la barba, adoptaron una actitud entre preocupada y perpleja—: ¿Qué podemos hacer?

El niño reflexionó un momento.

—Ahí tiene que haber unos calcetines de listas amarillas —dijo al cabo—. Con ellos puestos te vendrán los zapatos más justos.

—Probaremos —dijo el viejo.

Sacó los calcetines de listas amarillas del fondo de un cajón y se vistió uno. En la punta se le formaba una bolsa vacía.

—Me están que ni pintados, hijo.

Sonreía. Se alzó el zapato y se lo abrochó; luego estiró la pierna y se contempló con una pícara expresión de complacencia. Parecía una estatua con un pedestal desproporcionado.

—¿Crees tú que Paula querrá bailar conmigo, ahora, hijo?

A sus espaldas, Trino esperaba pacientemente, resignadamente, que cubriera su desnudez. A el Senderines empezaba a pesarle el sueño sobre las cejas. Se esforzaba en mantener los ojos abiertos y, a cada intento, experimentaba la sensación de que los globos oculares se dilataban y oprimían irresistiblemente los huecos de sus cuencas. La inmovilidad de Trino, el zumbido de la Central, la voz del Pernales, el golpeteo de la codorniz, eran incitaciones casi invencibles al sueño. Mas él sabía que era preciso conservarse despierto, siquiera hasta que el cuerpo de su padre estuviera vestido.

El Pernales se había calzado el otro pie y se movía ahora con el equilibrio inestable de quien por primera vez calza zuecos. De vez en cuando, la confortabilidad inusitada de sus extremidades tiraba de sus pupilas y él entonces cedía, bajaba los ojos, y se recreaba en el milagro, con un asomo de vanidosa complacencia. Advirtió súbitamente la impaciencia del pequeño, se rascó la cabeza y dijo:

—¡Vaaaya! A trabajar. No me distraigas hijo.

Se aproximó al cadáver e introdujo las dos manos bajo la cintura. Advirtió:

—Estate atento y tira del pantalón hacia arriba cuando yo le levante.

Pero no lo logró hasta el tercer intento. El sudor le chorreaba por las sienes. Luego, cuando abotonaba el pantalón, dijo, como para sí:

—Es la primera vez que hago esto con otro hombre.

El Senderines sonrió hondo. Oyó la voz del Pernales.

—No querrás que le pongamos la camisa nueva, ¿verdad, hijo? Digo yo que de esa camisa te sacan dos para ti y aún te sobra tela para remendarla.

Regresó del armario con la camisa que Trino reservaba para los domingos. Agregó confidencialmente:

—Por más que si te descuidas te cuesta más eso que si te las haces nuevas.

Superpuso la camisa a sus harapos y miró de frente al niño. Le guiñó un ojo y sonrió.

—Eh, ¿qué tal? —dijo.

El niño quería dormir, pero no quería quedarse solo con el muerto.

Añadió el Pernales:

—Salgo yo a la calle con esta camisa y la gente se piensa que soy un ladrón. Sin embargo, me arriesgaría con gusto si supiera que la Paula va a aceptar un baile conmigo por razón de esta camisa. Y yo digo: ¿Para qué vas a malgastar en un muerto una ropa nueva cuando hay un vivo que la puede aprovechar?

—Para ti —dijo el niño a quien la noche pesaba ya demasiado sobre las cejas.

—Bueno, hijo, no te digo que no, porque este saco de poco te puede servir a ti, si no es para sacarle lustre a los zapatos.

Depositó la camisa flamante sobre una silla, tomó la vieja y sudada de la que Trino acababa de despojarse, introdujo su brazo bajo los sobacos del cadáver y le incorporó:

—Así —dijo—. Métele el brazo por esa manga..., eso es.

La falta de flexibilidad de los miembros

de Trino exasperaba al niño. El esperaba algo que no se produjo:

—No ha dicho nada —dijo, al concluir la operación, con cierto desencanto.

El Pernales volvió a él sus ojos asombrados:

—¿Quién?

—El padre.

—¿Qué querías que dijese?

—La Ovi dice que los muertos hablan y a veces hablan los gatos que están junto a los muertos.

—¡Ah, ya! —dijo el Pernales.

Cuando concluyó de vestir al muerto, destapó la botella y echó un largo trago. A continuación la guardó en un bolsillo, el despertador en el otro y colocó cuidadosamente el traje y la camisa en el antebrazo. Permaneció unos segundos a los pies de la cama, observando el cadáver.

—Digo —dijo de pronto— que este hombre tiene los ojos y la boca tan abiertos como si hubiera visto al diablo. ¿No probaste de cerrárselos?

—No —dijo el niño.

El Pernales vaciló y, finalmente, depositó las ropas sobre una silla y se acercó al cadáver. Mantuvo un instante los dedos sobre los párpados inmóviles y cuando los retiró, Trinidad descansaba. Seguidamente le anudó un pañuelo en la nuca, pasándosele bajo la barbilla. Dijo, al concluir:

—Mañana, cuando bajes a dar aviso, se lo puedes quitar.

El Senderines se erizó.

—¿Es que te marchas? —inquirió anhelante.

—¡Qué hacer! Mi negocio está allá abajo, hijo, no lo olvides.

El niño se despabiló de pronto:

—¿Qué hora es?

El Pernales extrajo el despertador del bolsillo.

—Esto tiene las dos; puede que vaya adelantado.

—Hasta las seis no subirá Conrado de la Central —exclamó el niño—. ¿Es que no puedes aguardar conmigo hasta esa hora?

—¡Las seis! Hijo, ¿qué piensas entonces que haga de lo mío?

El Senderines se sentía desolado. Recorrió con la mirada toda la pieza. Dijo, de súbito, desbordado:

—Quédate y te daré... te daré —se dirigió al armario— esta corbata y estos calzoncillos y este chaleco y la pelliza, y... y...

Arrojó todo al suelo, en informe amasijo. El miedo le atenazaba. Echó a correr hacia el rincón.

—... Y el aparato de radio —exclamó.

Levantó hacia el Pernales sus pupilas humedecidas.

—Pernales, si te quedas te daré también el aparato de radio —repitió triunfalmente.

El Pernales dio unos pasos ronceros por la habitación.

—El caso es —dijo— que más pierdo yo por hacerte caso.

Mas cuando le vio sentado, el Senderines le dirigió una sonrisa agradecida. Ahora empezaban a marchar bien las cosas. Conrado llegaría a las seis y la luz del sol no se marcharía ya hasta catorce horas más tarde. Se sentó, a su vez, en un taburete, se acodó en el jergón y apoyó la barbilla en las palmas de las manos. Volvía a ganarle un enervamiento reconfortante. Permaneció unos minutos mirando al Pernales en silencio. El «bom-bom» de la Central ascendía pesadamente del cauce del río.

Dijo el niño, de pronto:

—Pernales, ¿cómo te las arreglas para escupir por el colmillo? Ésa es una cosa que yo quisiera aprender.

El Pernales sacó pausadamente la botella del bolsillo y bebió; bebió de largo como si no oyera al niño; como si el niño no existiese. Al concluir, la cerró con parsimonia y volvió a guardarla. Finalmente, dijo:

—Yo aprendí a escupir por el colmillo, hijo, cuando me di cuenta que en el mundo hay mucha mala gente y que con la mala gente si te lías a trompazos te encierran y si escupes por el colmillo nadie te dice nada. Entonces yo me dije: «Pernales, has de aprender a escupir por el colmillo para poder decir a la mala gente lo que es sin que nadie te ponga la mano encima, ni te encierren.» Lo aprendí. Y es bien sencillo, hijo.

La cabecita del niño empezó a oscilar. Por un momento el niño trató de sobreponerse; abrió desmesuradamente los ojos y preguntó:

—¿Cómo lo haces?

El Pernales abrió un palmo de boca y hablaba como si la tuviera llena de pasta. Con la negra uña de su dedo índice se señalaba los labios. Repitió:

—Es bien sencillo, hijo. Combas la lengua y en el hueco colocas el escupitajo...

El Senderines no podía con sus párpados. La codorniz aturdía ahora. El grillo hacía un cuarto de hora que había cesado de cantar.

—... luego no haces sino presionar contra los dientes y...

El Senderines se dejaba arrullar. La conciencia de compañía había serenado sus nervios. Y también el hecho de que ahora su padre estuviera vestido sobre la cama. Todo lo demás quedaba muy lejos de él. Ni siquiera le preocupaba lo que pudiera encontrar mañana por detrás de los tesos.

—... y el escupitajo escapa por el colmillo por que...

Aún intentó el niño imponerse a la descomedida atracción del sueño, pero terminó por reclinar suavemente la frente sobre el jergón, junto a la pierna del muerto y quedarse dormido. Sus labios dibujaban la iniciación de una sonrisa y en su tersa mejilla había aparecido un hoyuelo diminuto.

Despertó, pero no a los pocos minutos, como pensaba, porque la luz del nuevo día se adentraba ya por la ventana y las alondras cantaban en el camino y el Pernales no estaba allí, sino Conrado. Le descubrió como a través de una niebla, alto y grave, a los pies del lecho. El niño no tuvo que sonreír de nuevo, sino que aprovechó la esbozada sonrisa del sueño para recibir a Conrado.

—Buenos días —dijo.

La luciérnaga ya no brillaba sobre la mesa de noche, ni el cebollero cantaba, ni cantaba la cordorniz, pero el duro, incansable pulso de la Central, continuaba latiendo abajo, junto al río. Conrado se había abotonado la camisa blanca hasta arriba para entrar donde el muerto. El Senderines se incorporó desplazando el taburete con el pie. Al constatar la muda presencia de Trino, pavorosamente blanco, pavorosamente petrificado, comprendió que para él no llegaba ya la nueva luz y cesó repentinamente de sonreír. Dijo:

—Voy a bajar a dar aviso.

Conrado asintió, se sentó en el taburete que el niño acababa de dejar, lo arrimó a la cama, sacó la petaca y se puso a liar un cigarrillo, aunque le temblaban ligeramente las manos.

—No tardes —dijo.

La mortaja forma parte de una selección de cuentos escritos entre 1948 y 1963 y publicados bajo este título en la colección «El Libro de Bolsillo» de Alianza Editorial con el número 233.

❧

Otras obras del autor en Alianza Editorial:

La partida (LB 60)
Viejas historias de Castilla la Vieja (LB 164)
La caza en España (LB 418)

Títulos de la colección: